Hector DECOMBLE

1866-1891

Notes et Souvenirs

par l'abbé L. RAMBURE,

Directeur à l'Institution Saint-Joseph d'Arras,
Maître de Conférences
à la Faculté Catholique des Lettres de Lille.

Précédé d'une préface de Mgr BAUNARD,
et illustré de 5 belles gravures dans le texte.

Société Saint-Augustin,

DESCLÉE, DE BROUWER et Cie.

LILLE. — Rue du Metz, 41. — 1892

In 27
40766

Hector DECOMBLE
1866–1891
Notes et Souvenirs

Hector DECOMBLE.

HECTOR DECOMBLE

1866-1891

NOTES ET SOUVENIRS

par l'abbé **L. RAMBURE**,

Directeur à l'Institution Saint-Joseph d'Arras,
Maître de Conférences
à la Faculté Catholique des Lettres de Lille.

Précédé d'une préface de Mgr BAUNARD,
et illustré de 5 belles gravures dans le texte.

Société Saint-Augustin,

DESCLÉE, DE BROUWER et Cie.

LILLE. — Rue du Metz, 41. — 1892.

Lettre de Monseigneur BAUNARD,
Recteur des Facultés catholiques de Lille,
à l'auteur.

Lille, le 14 décembre 1891.

CHER MONSIEUR LE PROFESSEUR,

Je vous remercie d'avoir écrit la présente notice biographique sur Hector Decomble, et je vous félicite de l'avoir écrite si bien.

Personne assurément n'était mieux placé que vous pour nous le faire connaître, puisqu'il était votre élève avant d'être le nôtre ; et nos premiers remerciements sont dus à votre collège Saint-Joseph d'Arras, qui, l'ayant fait d'avance ce que nous l'avons vu, s'est lui-même honoré grandement dans son ouvrage.

Vous avez fait une bonne œuvre ; il était bon que cette vie d'étudiant chrétien fût racontée, pour simple qu'elle fût : bon pour la consolation religieuse de sa famille et de ses amis, très bon pour l'exemple de ses camarades, nos chers fils de la Faculté catholique de Médecine de Lille.

Vous savez, cher Monsieur, de quel prix est à nos yeux la vie chrétienne de ces jeunes gens. Si nous tenons à faire d'eux des médecins instruits, et si, plus que personne, nous jouissons des succès que leur méritent, chaque année, leurs examens publics, nous voulons avant tout qu'ils l'emportent sur leurs rivaux par l'exemplaire distinction de leur vie morale et religieuse. C'est là notre raison d'être devant l'Église et le pays ; et ce sont des Médecins chrétiens *que la France catholique nous demande de toutes parts.*

Tel fut celui dont vous nous offrez une si vivante image. Aussi bien j'ai aimé à constater, en vous lisant, quelle empreinte profonde de foi et de piété ce jeune homme avait emportée de notre Maison Saint-Louis, encore toute parfumée de son séjour parmi nous.

Il est tombé, conscrit de la veille, sur ce champ de bataille de la profession médicale qui a ses héros et ses martyrs. Il a succombé lui-même au mal dont sa science et son dévouement voulaient guérir les autres, s'obstinant à son devoir jusqu'à la défaillance suprême ; et lui aussi, comme le Médecin divin, a su aimer ses frères jusqu'à mourir pour eux.

L'admiration s'est émue autour de cette belle mort, et sa tombe est devenue un instant glorieuse. Mais les justes honneurs rendus à son courage ne paient pas, loin de là, l'honneur qu'il nous fait lui-même.

Plus que tout autre, vous y aurez contribué, cher Monsieur : grâce à vous, il restera de lui une mémoire bénie, mélancolique et douce, édifiante et fortifiante ; et déjà vos pages émues me font penser, avec confiance pour notre jeune ami, à ce livre de vie dont Bossuet a pu dire : « Une main divine écrit notre histoire ; tâchons de la faire belle. »

Soyez-en donc remercié, cher Monsieur le

Professeur, au nom de nos maîtres, vos collègues, et de tous nos étudiants. Tous vous sont redevables, mais personne plus que moi, qui ai reçu de vous l'hommage de ces prémices, et qui veux vous en redire mon affectueuse reconnaissance.

BAUNARD.

AVANT-PROPOS.

Cet opuscule n'est ni une page d'histoire, ni un épisode de roman.

C'est le simple récit d'une vie trop courte, dont l'humble héros ne se doutait point que sa fin aurait reçu tant d'hommages, et qui ne fit rien pour les convoiter ; mais c'est le récit d'une existence vécue, qui pourra servir de modèle aux jeunes gens chrétiens, après avoir fixé plus d'un souvenir intime.

Rien n'y est extraordinaire, ni même piquant ; tout y est sincère et pris sur le fait. Cette vie, interrompue d'une façon si soudaine, d'un étudiant catholique, entraîne avec elle des leçons qu'il importait de ne point laisser perdre : ainsi l'ont jugé ses maîtres et ses amis.

En cédant volontiers à leurs instances et en m'aidant, pour écrire ces lignes, des renseignements qu'ils ont bien voulu me communiquer, je n'ai d'autre titre que celui d'avoir beaucoup connu et aimé celui que nous pleurons avec sa famille. Penchés sur sa tombe, nous demandons à Dieu d'opérer par la vertu de ses exemples le bien que, selon les vues humaines, il devait produire dans sa carrière, et nous méditons sur la pensée profonde qui mériterait de résumer sa vie : « L'homme propose, et Dieu dispose. »

Arras, le 18 octobre 1891,
en la fête de S. Luc, patron des médecins chrétiens.

Hector DECOMBRE.
1866-1891
CHAPITRE PREMIER.
La jeunesse d'Hector.

Il y a vingt-cinq ans, la région qui sépare Arras et Cambrai se distinguait par la foi de ses habitants et par leur fidélité aux pratiques religieuses. Elle avait à cœur de maintenir cette réputation favorable, que lui conservent encore le bon esprit des populations et le zèle de ses pasteurs. Au point de vue matériel, elle était heureuse aussi, car si la rapidité des communications et le développement des industries n'avaient pas encore accru son activité, l'agriculture y était prospère et trouvait, grâce aux débouchés des marchés voisins, les moyens de rémunérer largement les rudes travaux des champs.

Hector-Joseph DECOMBLE est né dans ce milieu, le 28 novembre 1866, à Buissy-Baralle, près de Marquion (Pas-de-Calais). Sa famille l'éleva, comme il convenait, simplement et chrétiennement. Il était trop jeune, en 1870, pour comprendre les patriotiques angoisses de ses compatriotes, quand ils entendirent le canon de Bapaume, de Cambrai et de Péronne ; heureusement pour tous, l'invasion ne fit qu'effleurer Buissy, sans laisser d'autre trace qu'un amer souvenir, d'autre devoir que celui de remercier Dieu.

D'ailleurs, le retour général aux pratiques religieuses, qui suivit la guerre, s'harmonisait parfaitement avec les goûts d'Hector et les espérances de ses parents. A cinq ans, pour sécher ses larmes, il fallut l'admettre au service des autels, et depuis lors il se fit remarquer à l'église de Buissy par sa régularité, par sa piété simple et dépouillée de tout respect humain. Servir les deux Messes du dimanche, assister dans la semaine à la Messe quotidienne et aux saluts, telle était la seule récompense qu'il ambitionnât.

L'âge était venu pour lui de commencer modestement cette tâche du travail intellectuel, qu'il devait poursuivre jusqu'à ses derniers jours. A l'école du village, sans se livrer à un labeur excessif, il atteignit vite le premier rang et mérita, jeune encore, son certificat d'études. L'instituteur s'était particulièrement attaché à lui, et, en raison de ses heureuses dispositions, il le conservait après la classe pour l'initier aux premiers éléments de la musique.

Mais ce n'était point surtout dans un but profane qu'Hector aimait à développer ce talent naturel. Le plain-chant l'attirait ; son sympathique ami Fauvelle, clerc de l'église paroissiale, réclamait le concours de sa voix déjà forte. Il prit sans crainte au lutrin sa place d'auxiliaire, heureux plus tard de l'occuper de nouveau, dans les trop rares loisirs que lui laissèrent le Collège, l'Université ou la caserne, jusqu'à ce qu'un dessein frappant de la Providence réunît le même jour dans la mort, le même jour dans la tombe, malgré la diversité de leur carrière, les deux chantres de Buissy.

Cependant Hector grandissait; sa jeune âme s'ouvrait de plus en plus à la science et à la vertu. En servant Dieu de près, il avait appris à le connaître, à le désirer, à l'aimer. L'enseignement religieux, dans ce qu'il a d'accessible aux enfants, l'attirait plus encore que l'enseignement profane : là aussi il obtint la première place, et lorsqu'à onze ans et demi il fit sa première Communion, le 30 mai 1878, il dut à son rang parmi ses camarades l'honneur de prononcer, au nom de tous, le serment, qu'il a su tenir, « de vivre et de mourir pour Jésus-Christ seul. » Cette date marqua dans sa vie ; plus tard, devenu étudiant à Lille, il aimera à parler dans sa correspondance, à plusieurs reprises, de la fête de l'Ascension, qui lui rappelait ce touchant anniversaire, et il la solennisera en renouvelant ce jour-là son union avec le Dieu « qui avait réjoui sa jeunesse. »

Ces précieuses dispositions avaient depuis longtemps attiré l'attention de son curé, qui avait béni son berceau, et qui devait, hélas ! bénir aussi sa tombe. L'abbé W. rêvait pour Hector, en raison de son intelligence, une carrière libérale, peut-être même le sacerdoce, vers lequel il venait de guider déjà son frère aîné. Il avait toujours considéré comme l'un des devoirs de son ministère la formation des enfants qu'il jugeait capables de dépasser le niveau de l'enseignement purement élémentaire, et de devenir, dans une sphère plus haute, plus utiles à leur patrie et à l'Église. Hector accepta avec joie la proposition de commencer au presbytère ses études classiques ; un camarade d'enfance, François B., vint s'adjoindre à lui et stimuler ses efforts. Quinze mois s'écoulèrent ainsi dans une émulation féconde ; à ce moment, le maître, ou plutôt le père, confia à d'autres mains sacerdotales ses disciples privilégiés : l'un se dirigea vers l'alumnat de Mauville, se préparant de loin à prendre rang dans le clergé diocésain ; l'autre, — c'était Hector, — fut admis au Petit Séminaire d'Arras, en octobre 1879, dans la classe de cinquième ; il allait atteindre sa treizième année.

Ce n'est pas sans émotion qu'Hector quitta Buissy pour la première fois. Il lui fallait se séparer de ses parents, qu'il pouvait déjà utilement assister dans les travaux des champs ; de son curé, qui avait été jour par jour le guide de son âme et le confident de ses secrets ; de son église, où il goûtait, depuis que la raison et la foi s'étaient éveillées en lui, les plus douces et les plus saintes jouissances de sa vie. Mais il se consola courageusement : il allait retrouver au Séminaire son frère aîné, qui lui tracerait la voie ; avec lui, il reviendrait de temps en temps au foyer paternel ; enfin il s'inclinait, inconsciemment peut-être, devant la volonté de la Providence, qui allait le prendre visiblement par la main, et l'acheminer graduellement vers une destinée supérieure à celle qu'il pouvait espérer près des siens.

Hector Decomble.

CHAPITRE DEUXIÈME.
Les études secondaires.

Les études classiques, au Petit Séminaire d'Arras, ont toujours eu la réputation d'être fortes et brillantes. En raison même du but spécial vers lequel elles dirigent, elles ne subissent guère les vicissitudes des programmes officiels. Poursuivies et achevées dans un sens chrétien, elles mettent le clergé du lendemain en pleine possession des langues anciennes, qui lui donneront le goût des hautes études ecclésiastiques ; elles y ajoutent en même temps tout ce que le progrès de la saine pédagogie a jugé utile à la formation et à la culture générale de l'esprit.

Lorsqu'Hector Decomble fut accueilli dans cet excellent milieu intellectuel, il se trouva de prime abord en lutte pacifique avec trente à quarante émules. Naturellement humble, habitué au travail solitaire, il dut en éprouver quelque effroi ; mais les résultats le rassurèrent vite. Il se plaça bientôt en tête de sa classe, parmi les cinq ou six premiers. Il en fut ainsi pendant les années suivantes, jusqu'à la seconde inclusivement. Chaque année se terminait par une moisson d'accessits, — moisson modeste, mais méritoire, qui, dans des conditions différentes, se serait transformée en une ample récolte de prix.

En même temps, son caractère se formait. Assez respectueux de la règle pour ne jamais la violer gravement, il affermissait en lui le goût du travail soutenu, consciencieux, marque des esprits énergiques qui visent un but et l'atteindront à tout prix. Il était gai, ami de tout le monde, mais avec un fonds de timidité, qui permettait difficilement de l'apprécier à sa juste valeur, avant d'avoir pénétré dans son intimité. Au Séminaire, où tout porte à la piété, il avait évidemment gardé l'amour des cérémonies religieuses et de la fréquentation des Sacrements. Néanmoins, lorsque le moment fut venu de se prononcer sur son avenir, son âme loyale se recueillit, s'éprouva devant Dieu, et ne se jugea pas digne de l'honneur du sacerdoce qu'ambitionnait son frère.

Inclinons-nous sans regret devant cette décision prise à bon escient : autant il est téméraire de reculer devant l'appel de Dieu, autant il serait audacieux de vouloir Le servir, malgré Lui, dans l'intimité du sanctuaire. D'ailleurs, en dehors de là, un vaste champ est ouvert pour les âmes chrétiennes qui se souviennent des grâces reçues au Séminaire, et qui gardent l'ineffaçable empreinte d'une éducation cléricale.

Cet apostolat dans le monde, Hector, fidèle à son passé, l'entrevit comme le but de sa vie ; restaient à chercher les moyens de l'atteindre. Un instant désorienté, en raison du changement de milieu que lui imposait sa résolution, il fut aidé à retrouver sa voie : bientôt, à Arras même, et sans avoir à subir de modification dans sa direction intellectuelle et morale, — puisqu'il restait sous l'égide de la Société de Saint-Bertin, — il fut admis à l'Institution Saint-Joseph pour y achever ses études classiques. Il entra en rhétorique le 3 octobre 1883.

Aussitôt que fut écoulé le délai d'épreuve imposé par les règlements aux élèves nouveaux, il fut admis dans la Congrégation du Sacré-Cœur. Il devint aussi, dès le début, membre de la Conférence de Saint-Vincent de Paul ; là, sa bonté naturelle put se donner libre carrière et obtenir pour ses pauvres, outre le nécessaire, ces petits cadeaux supplémentaires qu'on n'oserait guère appeler le superflu. Je ne voudrais pas affirmer que la bonne vieille qu'il visitait ait été gravement atteinte par la maladie, chaque fois qu'il le déclarait ; mais ici le diagnostic du

Vue de l'Institution Saint-Joseph d'Arras.

futur médecin n'était pas en question, et ses doléances avaient facilement gain de cause devant le sympathique tribunal de la charité, formé par ses camarades.

Au point de vue intellectuel, Hector était déjà ce qu'il est resté depuis lors : esprit plutôt solide que brillant, rompu au travail régulier, égal dans toutes les branches de la science, et par conséquent apte à affronter, avec de sérieuses espérances, les épreuves de la première partie du baccalauréat. A la fin de l'année scolaire, il mérita le prix d'honneur de composition française, offert par l'Association des anciens élèves ; puis, à quelques jours de là, par une de ces mauvaises chances qui ne sont pas sans exemple en pareille matière, il fut ajourné à son examen.

Heureusement, il se remit au travail pendant ses vacances, réussit sans peine à la session de novembre 1884, et entra en philosophie. Ces études, si différentes des occupations littéraires et philologiques de la rhétorique, étonnèrent d'abord son esprit, comme elles étonnent par leur nouveauté et leur caractère abstrait tous les jeunes gens de cet âge ; bientôt l'éblouissement cessa, la vraie lumière se fit. Avec quelle netteté Hector condensait ou complétait son cours, dès qu'il l'avait compris et goûté ! Avec quel soin il mettait en ordre ses notes et ses résumés ! Avec quelles angoisses un jour, les larmes aux yeux, il constata la disparition de ses chers carnets, témoignage modeste, mais précieux, de son labeur personnel ! Comme on l'apprit presque aussitôt, ils étaient si bien tenus qu'ils avaient tenté l'inconsciente envie d'un jeune camarade, plus amateur de pages blanches que de hautes spéculations philosophiques. L'accident fut réparé, l'émule des iconoclastes puni, et le manuscrit rajusté assura, pour sa part, le succès de son auteur, en attendant qu'il méritât, entre les mains du professeur, de fixer l'esprit et la lettre de l'enseignement pendant les années suivantes.

L'exercice de la dissertation philosophique demande de la méthode, une certaine habileté dans l'assimilation des questions étudiées, une façon particulière d'exposer les vérités rationnelles avec rigueur, mais sans sécheresse ; Hector y réussissait facilement : il possédait à un haut degré « *l'esprit philosophique* ». Voici d'ailleurs comment il parlait de cette qualité, dans une dissertation où il se peignait sans le savoir :

« Souvent, dans la langue vulgaire, on » distingue les hommes d'après leur carac-

» tère propre. On identifie alors les mots
» *esprit* et *caractère*, et l'on dit : Tel homme
» a l'esprit superficiel ; tel autre est doué
» d'un esprit sérieux, profond, *philosophique.*
» Nous ne nous occuperons ici que de ce
» dernier ; nous tâcherons de voir en quoi
» il consiste, nous nous demanderons s'il est
» avantageux de le posséder, et nous cher-
» cherons par quels moyens on peut l'ac-
» quérir.

» Tout d'abord, l'esprit philosophique ne
» peut être digne de ce nom, s'il ne connaît
» l'âme humaine et ses facultés : γνῶθι
» σεαυτόν, a dit avec raison Socrate. Il faut
» étudier l'âme en elle-même et dans sa
» nature, dans ses phénomènes, dans ses
» rapports avec le corps et avec l'extérieur,
» afin de savoir quelle est sa puissance et à
» quelles erreurs elle est sujette. Un homme
» doué d'un esprit philosophique cherche
» la vérité en toutes choses ; il sait donc
» raisonner et possède, par l'étude ou par
» l'expérience d'autrui, les moyens de dis-
» cerner le vrai du faux. A peine un évé-
» nement s'est-il produit, qu'il en cherche
» les causes et en tire les conséquences. Il
» ne se contente pas du *comment* des choses ;
» il désire encore en savoir le *pourquoi.*

» Sans doute, il ne parvient pas toujours
» à son but, mais les efforts qu'il fait indi-
» quent chez lui un fonds sérieux.

» C'est encore un homme qui règle toutes
» ses actions selon sa raison et selon la loi
» naturelle et divine. Cela résulte de la
» connaissance même qu'il a acquise de
» l'âme humaine. Les sens lui fournissent
» des données, mais l'intelligence les élabore,
» les complète, et la volonté permet à l'in-
» dividu de produire des actes. Si la raison
» ne dominait pas la sensibilité, l'homme,
» sous l'influence des passions, forcerait sa
» volonté à accomplir des actes dépravés ;
» au contraire, c'est la loi naturelle qui
» dirige l'agent vers le bien et le lui fait
» atteindre.

» Enfin, l'esprit philosophique se recon-
» naît dans l'homme qui possède des prin-
» cipes et qui agit toujours conformément à
» ces principes ; et comme ceux-ci viennent
» tous d'un principe premier et supérieur,
» qui est Dieu, l'esprit philosophique se
» traduira par la croyance en Dieu, premier
» principe et première cause de tout ce qui
» existe, soit à l'état matériel, soit à l'état
» immatériel.

» En résumé, on voit que l'esprit philo-

» sophique consiste dans la connaissance
» de tout ce que nous apprend la philoso-
» phie, basé sur l'expérience, la réflexion et
» le bon sens, et surtout mis en pratique
» dans l'acquisition de la science et dans la
» conduite de la vie. Quiconque le possède
» est regardé avec raison comme un homme
» qui considère les choses par leur côté
» élevé et sérieux, qui cherche à se rendre
» compte de tout, qu'il est difficile de trom-
» per et qui se trompe rarement.

» Si l'esprit philosophique a cette valeur,
» rien n'est à négliger pour l'obtenir. Les
» moyens d'y atteindre seront d'abord le
» perfectionnement du bon sens naturel
» que chacun possède suffisamment ; ensuite
» l'habitude de la réflexion, l'acquisition de
» solides principes, intellectuels et moraux,
» selon lesquels nous dirigerons toutes nos
» actions ; enfin, l'application de notre
» esprit à tout ce qui mérite d'attirer et de
» retenir son attention. A ce prix, en trans-
» formant légèrement la définition classique
» de l'orateur, on aura celle du vrai philo-
» sophe : *Vir bonus, cogitandi peritus.* »

On aura pu juger par cet extrait que la pensée d'Hector ne manquait, dès lors, ni de force, ni de gravité ; j'en citerai volontiers un autre, où l'analyse exacte prend une forme plus chaude et plus émue ; il portait sur l'explication de cet adage classique : « *Les grandes pensées viennent du cœur.* »

« Les grandes pensées, dit-il, sont pré-
» cédées ou accompagnées de vives pas-
» sions ; elles supposent un violent amour
» de ce qui fait leur objet. En raison même
» de sa grandeur, ce qui se présente à notre
» esprit est conçu vivement, fortement dé-
» siré ; nous sommes attirés par une secrète
» énergie vers ce qui s'offre à nous avec
» la splendeur du vrai ; or, avec les mora-
» listes et, jusqu'à un certain point, avec
» les physiologistes, nous devons reconnaître
» que dans ces tendances le cœur joue un
» rôle capital.

» Voici un homme, plein de force et de
» santé, qui peut espérer une longue exis-
» tence. Que son pays vienne à courir de
» graves dangers, aussitôt, dans l'espoir de
» le sauver, il vole au devant de la mort, et
» sacrifie une vie à peine commencée. Qui
» l'a poussé à cet acte d'héroïsme ? — La
» raison, direz-vous.— Mais la raison devait
» au contraire l'arrêter : si cet homme avait
» raisonné, il aurait vu le danger qu'il y
» avait de perdre la vie, et se serait gardé

» de l'exposer. C'est au contraire l'amour
» de la patrie qui l'a poussé à affronter le
» péril. Objectera-t-on que cet homme n'a
» recherché que la gloire ? Supposons-le ;
» assurément le motif est moins louable,
» mais cette passion qui le pousse vient en-
» core du cœur.

» Prenons, dans un autre ordre d'idées,
» de grandes pensées scientifiques. Qu'un
» homme de génie se livre à des travaux
» qui peut-être épuiseront sa santé ; qu'il
» atteigne enfin cette découverte convoitée
» depuis longtemps. Si son invention doit
» être utile à la société, il est guidé par
» l'amour de ses semblables ; sinon, c'est ou
» l'amour de la gloire, ou l'amour du tra-
» vail, ou l'amour de la science qui le
» pousse à se donner tant de peines ; ici
» encore, on le voit, c'est l'amour qui est à
» la base de tout, et il est vrai de dire que
» *les grandes pensées viennent du cœur.* »

Celui qui avait écrit ces lignes pouvait, ce semble, affronter sans crainte les épreuves élémentaires du baccalauréat ; il n'en était rien pourtant. Hector a dû réagir toute sa vie contre une certaine défiance de soi ; nous verrons quels moyens il prit plus tard pour en triompher. A ce moment, vers la fin de la philosophie, il était obsédé par l'idée fixe qu'il ne réussirait pas. Un soir, n'y tenant plus, — je crois le voir encore, — et comme poussé par un ressort, il avise son professeur qui traverse l'étude, et lui demande un entretien immédiat. Le professeur étonné accède à son désir, et apprend qu'Hector renonce à se présenter à l'examen : « Je ne puis réussir, dit-il, c'est une dépense inutile, et je préfère interrompre mes études. » Comme il est plus aisé de détourner un torrent que de l'arrêter, le professeur ne fit pas d'objection au fond même du projet : « Puisque vous avez pris une détermination si grave, dit-il, vous vous préparez sans doute à nous quitter dès maintenant. Serait-il indiscret, mon ami, de vous demander quelle carrière vous allez embrasser ? » Hector n'y avait guère songé ; il répondit — naturellement — qu'il allait « *s'engager.* » Le professeur sourit, et Hector, entrant dans la voie des confidences, lui déclara qu'en effet il avait eu antérieurement un penchant réel pour la carrière militaire, mais que, pour le moment, malgré les immenses difficultés qu'il entrevoyait déjà, il avait un vif désir d'être médecin.

Dès lors, l'entretien devint plus intime ;

le professeur réussit à faire rentrer l'espérance dans cette âme qui s'ouvrait à lui avec tant de simplicité ; il renversa une à une les objections d'Hector, lui montra, non pas la possibilité, mais la probabilité d'un succès au baccalauréat, et lui garantit l'accès de la carrière médicale, en lui recommandant la confiance en soi-même et la confiance en Dieu.

L'entretien avait duré deux heures, mais Hector en sortit transformé ; le 23 juillet 1885, un mois plus tard, il était bachelier.

CHAPITRE TROISIÈME.
Les études supérieures.

Les études médicales, par la dignité de leur but et la gravité de leurs conséquences, sont pour les jeunes gens qui s'y livrent une occasion constante de former leur intelligence, en lui donnant une précoce maturité ; mais, d'autre part, les objets parfois très spéciaux et très délicats qu'elles embrassent, la liberté dont l'étudiant fait l'apprentissage au sortir du collège, à l'âge des passions, dans le tourbillon fascinateur des grandes villes, présenteraient de sérieux dangers, si l'esprit chrétien n'y opposait une heureuse sauvegarde.

Les catholiques du Nord de la France l'ont toujours admirablement compris : dès que la loi de 1875 leur en laissa la facilité, ils fondèrent à Lille une Faculté libre de médecine, avec toute l'ampleur et toutes les garanties scientifiques qu'exige une œuvre d'une telle importance. Les parents chrétiens, soucieux de protéger la foi et les mœurs de leurs enfants, non moins que d'assurer leur avenir, répondirent avec une sympathie croissante à l'appel des fondateurs : aussi Dieu seul sait-il la fécondité des résultats, comme seul il a su l'intensité des efforts réalisés dans cette voie.

En 1886, lorsqu'Hector Decomble commença ses études médicales, il alla, sans la moindre hésitation, du côté que ses goûts, les désirs de ses parents et les conseils de ses amis lui avaient indiqué : ainsi devait se prolonger pour lui, tout naturellement, la formation commencée au collège catholique, formation première qui s'efface trop souvent, quand elle n'est pas complétée dans les études supérieures.

Il reçut l'hospitalité dans une Maison de famille, la Maison Saint-Louis, et y vécut trois ans de cette vie large et animée qui laisse à la jeunesse une légitime expansion, tout en la dirigeant vers le vrai et le bien. A ce moment commence, entre lui et le prêtre qui orienta son existence, une correspondance simple et sincère, où il se peint sans le savoir, et qui servira, avec le consentement de sa famille, à le faire mieux connaître.

Dès les premiers jours qui suivent la rentrée académique de 1885, il s'exprime avec un naïf enthousiasme sur ce qu'il a vu à la Faculté catholique : bibliothèques et collections, hôpitaux et dispensaires, amphi-

CHAPITRE TROISIÈME. 33

Vue de la façade
de la Maison Saint-Louis.

Hector Decembre.

théâtres et salles de cours, tout excite, non sans raison, son admiration. Il énumère les leçons auxquelles il assiste, les livres qu'il se procure économiquement, et il ajoute : « Je
» commence à m'habituer ; j'ai déjà fait
» connaissance avec quelques étudiants,
» nouveaux comme moi, et qui me parais-
» sent être de bons jeunes gens. Je suis
» déjà sorti avec eux, le temps de faire une
» promenade sur le boulevard, car nous ne
» sommes pas encore entrés une seule fois
» au café. Du reste, je tâcherai d'y aller le
» moins possible, en restant bien avec tout
» le monde. »

Cette règle de conduite, Hector y demeura fidèle toute sa vie. Sans doute, en plus d'une circonstance, les éclats de ce qu'il appelle familièrement « *sa grosse voix fêlée* » durent réveiller les échos de sa chambre ; sans doute, la franche et honnête gaîté ne l'eut jamais pour ennemi. Mais ses compagnons intimes étaient soigneusement choisis parmi les meilleurs, et leur souvenir vivait dans son âme alors même qu'ils avaient disparu ; voici les souhaits qu'il adresse à l'un d'eux, peu de temps après leur séparation, en janvier 1888 :

« Je demande à Dieu qu'il exauce tous

» tes vœux. S'il est un bien désirable et dé-
» siré sur la terre, c'est à coup sûr la santé ;
» je vois du reste assez de malades tous les
» jours à l'hôpital pour en savoir quelque
» chose ; puisses-tu donc jouir constamment
» d'une bonne santé !

» Tout homme ici-bas travaille et vit
» pour être heureux : sois donc heureux
» dans tout ce que tu entreprendras ; sois
» heureux dans tes affaires, sois heureux
» dans ta famille, dans tes parents surtout
» que tu aimes tant, et que Dieu, je l'es-
» père, te conservera le plus longtemps
» possible.

» Je n'ajouterai plus qu'une chose, dussé-
» je blesser ta modestie : puisses-tu rester
» toujours aussi bon que tu l'étais ici, car
» tu l'étais, et tous ceux qui t'ont connu à
» la Maison Saint-Louis sont unanimes à
» le reconnaître...

» Peut-être un jour le mouvement des
» affaires nous rapprochera-t-il, ne fût-ce
» que pour un moment. Je le souhaite ; en
» tous cas, j'ai gardé un trop bon souvenir
» de toi pour que je t'oublie, et si je ne t'en
» ai pas laissé un trop mauvais, je te de-
» manderai de penser encore à moi de temps
» en temps ; un mot, une simple carte au re-

» tour de chaque année nous suffiront pour
» nous rappeler deux des plus belles années
» de notre jeunesse, et aussi les compagnons
» qui ont partagé nos travaux en même
» temps que nos plaisirs. Ne nous oublions
» donc pas, et ainsi nous nous souviendrons
» toujours aussi de l'Université catholique
» de Lille. »

Ce désir se réalisa ; les deux amis furent réunis plus tard ; la mort d'Hector seule put les séparer. Aussi, avec quelle émotion communicative le survivant raconte-t-il son affection pour Hector qui remplaçait, d'une certaine façon, la famille séparée par d'infranchissables frontières ! Écoutons-le, car nul n'est mieux jugé que par ses pairs :

« Notre amitié, dit-il, date de notre pre-
» mière entrevue. Tout m'attirait dans ce
» grand et beau garçon : sa bonté d'âme, sa
» douceur de caractère, la générosité de son
» cœur, sa grande simplicité, la modestie
» dans ses allures et dans ses manières, sa
» figure ouverte, sa belle franchise, et surtout
» sa gaîté de bon aloi, signe caractéristique
» de la paix de son cœur et de la sérénité
» de sa conscience.

» Je ne vous cacherai pas combien il
» m'est pénible et cruel de réveiller ces

» souvenirs. Je ne puis contenir mes larmes,
» quand je pense à cette heureuse période
» et à ces doux moments vécus ensemble.
» Autant je me plaisais, de son vivant, à
» lui rappeler ces beaux jours de ma vie
» d'étudiant, autant cela me serre le cœur
» aujourd'hui de soulever ce voile.

» Casanier de nature, Hector sortait très
» peu le soir, à moins qu'il n'eût quelque
» course à faire. Si la salle de jeu ne l'atti-
» rait pas, il se retirait dans sa chambre, où
» nous avions pris l'habitude de travailler
» ensemble à la même table. Les soirées
» non consacrées au travail étaient em-
» ployées à de charmantes causeries, em-
» preintes souvent de la plus douce intimité.
» C'est dans ces conversations intimes que
» j'appris à connaître surtout son cœur d'or,
» la droiture de son caractère, la ferme
» conviction de ses opinions, la sincérité de
» ses principes foncièrement religieux et
» chrétiens, et surtout la pure innocence de
» son âme.

» Fidèle aux traditions du Collège, il resta
» fidèle également à son DIEU dans la sainte
» Communion, et il s'était fait un devoir de
» s'approcher de la Sainte Table aux gran-
» des fêtes de l'Église. Il choisissait de pré-

» férence la Messe des Congréganistes, car,
» dès son arrivée à l'Université, il s'était
» fait inscrire dans la Congrégation de la
» Sainte Vierge, et fut toujours un brave
» et vaillant soldat de Marie. Il suivait aussi
» avec une religieuse assiduité et un grand
» recueillement les exercices de la retraite
» annuelle de l'Université catholique, qui
» se faisaient à la rentrée des cours. Un
» autre exercice, auquel il fut également
» très fidèle, ce fut l'Adoration nocturne : il
» était encore l'un des membres les plus
» zélés et les plus courageux.

» Il suivait tous ses cours avec une scru-
» puleuse exactitude ; il n'a jamais, que je
» sache, manqué volontairement une seule
» leçon : il était trop consciencieux pour
» cela. Tous les soirs, au retour, il me racon-
» tait ce qui s'était passé à l'hôpital dans
» la journée. Je jugeais, d'après la sincérité
» et la compassion qu'il mettait dans les
» causeries de ce genre, combien il avait à
» cœur ses pauvres malades, combien il par-
» tageait leurs peines et leurs souffrances.
» Comme il devait être affable pour eux ! De
» quels soins il devait les entourer ! Devenu
» médecin, il eût été plus tard l'Ange bien-
» faiteur et consolateur de ses concitoyens.

CHAPITRE TROISIÈME. 39

Vue de la chapelle
de la Maison Saint-Louis.

» Dès son entrée à l'Université, Hector
» s'était enrôlé dans la société de Saint-
» Vincent de Paul, dont il fut toujours l'un
» des confrères les plus assidus, même
» lorsqu'il logeait en ville. Nous allions tou-
» jours visiter nos familles pauvres ensem-
» ble. J'avais un véritable plaisir à le voir
» parler à ses pauvres, se placer au même
» rang qu'eux, s'humilier, donner un conseil
» pratique ici et un encouragement ailleurs;
» il avait au suprême degré l'esprit de cha-
» rité et d'abnégation. Aussi était-il adoré
» par sa famille. »

Tous ces détails, d'une expansion charmante et édifiante, ont été résumés par un autre de ses camarades, en quelques mots auxquels on nous permettra de laisser leur saveur caractéristique : « Il n'a jamais fait » une bêtise dans sa vie, disait-il ; c'était un » *curé laïque.* »

Il faut le proclamer à sa louange, et aussi à la louange du milieu chrétien dans lequel il vécut : si Hector, au point de vue naturel, resta toujours ce qu'il était en arrivant à Lille, gai, bon camarade et économe (il ne dépensait pas dix francs par trimestre pour ses menus plaisirs), au point de vue surnaturel il fit de réels progrès, à mesure qu'il avança dans ses études, et devint de plus en plus tranché par rapport à tout ce qui touchait à la religion. Des circonstances, défavorables en apparence à son avenir, amenèrent providentiellement ce résultat.

En entrant à l'Université, muni seulement du diplôme de bachelier ès-lettres, il ne pouvait prendre que des inscriptions d'officiat de santé ; mais il comptait mener de front avec ses études médicales la préparation au baccalauréat ès-sciences restreint, et entrevoyait ainsi la possibilité de devenir un jour docteur. L'une de ses espérances se réalisa facilement, car il conquit son second diplôme, le 30 juillet 1886. L'autre ne pouvait pratiquement le mener au résultat désiré, s'il ne recommençait, avec des inscriptions de doctorat, sa première année de médecine. Il s'y décida, mais inconsciemment il se heurta contre l'écueil qui attend tous les jeunes gens, lorsque, pour un motif ou pour un autre, ils reprennent à nouveaux frais des études ébauchées dans le passé. Tendre encore par les mêmes voies vers le même but, assister aux cours qu'on a déjà suivis, c'est une dure épreuve à l'âge où la nouveauté plaît davantage que la science : on est tenté d'être présomptueux et négligent, alors qu'il serait toujours possible et désirable d'approfondir ce que l'on croit savoir.

Hector connut cette épreuve et n'en sortit pas vainqueur du premier coup. Dans l'année académique 1886-1887, sans se départir de sa régularité antérieure, il se relâcha un peu de la fermeté, de l'acharnement au travail qui l'avaient jusque là si bien servi : c'était le sentiment de l'indépendance, développé peut-être par les conseils ou les exemples de quelques camarades, qui produisait son effet après coup, et par une sorte de choc en retour. Il fallut lui faire entendre la voix du devoir en s'adressant beaucoup plus à sa foi qu'à sa raison, et lui rappeler doucement, en le surnaturalisant, le γνῶθι σεαυτόν qu'il avait si bien développé dans sa classe de philosophie. Sa réponse, datée du 20 mai 1887, le peint trop complètement et trop avantageusement pour que je n'en cite pas de larges extraits :

« J'ai reçu votre lettre sans acrimonie,
» comme vous me l'avez conseillé, car je
» suis persuadé que c'est uniquement dans
» mon intérêt que vous m'avez parlé comme
» vous l'avez fait.

» Je veux être sincère, je reconnais que

» je le méritais, sans vouloir me disculper
» à vos yeux sur tel ou tel point. Pour ce
» qui me concerne, je ne me plains pas ;
» mais ce que je regrette beaucoup, c'est
» de vous avoir causé de la peine, ainsi
» qu'à mon frère ; et comme je sens le
» besoin de m'en faire pardonner, il me
» semble que je ne saurais mieux y réussir
» qu'en prenant de bonnes résolutions pour
» l'avenir, et en y restant toujours fidèle.

» Ces résolutions, vous me les avez tou-
» tes indiquées dans votre lettre : bien tra-
» vailler, être sérieux, et surtout me con-
» duire en bon chrétien. C'est surtout pour
» ce dernier point que votre lettre me rend
» un grand service. J'ai besoin, dites-vous,
» d'être conseillé, guidé, soutenu, de fré-
» quenter davantage les Sacrements ; ce
» n'est que trop vrai. Moi-même, je le
» sentais parfaitement, mais je n'avais pas
» assez de courage, de bonne volonté, pour
» me mettre résolument à l'œuvre ; j'atten-
» dais, j'attendais toujours. Je n'attends
» plus, je commence. Désormais, j'irai plus
» souvent me retremper dans les Sacre-
» ments, et chercher dans les conseils de
» mon directeur la force qui me sera néces-
» saire pour garder mes résolutions.

» C'est donc bien sincèrement que je
» vous remercie de votre lettre, car j'ai vu
» que dans votre intention elle contenait
» à mon adresse plutôt des avertissements
» utiles que des reproches. »

Si Hector n'avait agi que dans des vues humaines, il se serait cru sûr du succès en restant fidèle à ses promesses ; mais DIEU, qui voulait affermir sa vertu et tremper son courage, lui envoya la plus dure épreuve qui puisse visiter un jeune homme laborieux et chrétien. Vers la fin de sa troisième année d'études, il devait subir un examen d'anatomie, et, par trois fois, malgré de réels efforts, il fut ajourné. Ses échecs lui inspirèrent-ils de la défiance à l'égard de la Providence, et diminuèrent-ils son goût pour la prière, en lui suggérant la tentation qu'elle pourrait bien être vaine ? Aucunement : au contraire, sa foi s'épura et doubla son activité.

« Je rentre à l'instant de passer mon
» examen, écrit-il le 21 novembre 1889 ;
» c'est encore une mauvaise nouvelle que
» j'ai à vous annoncer : je suis encore ajourné
» à trois mois; cela me donne envie de pleu-
» rer.... Ce qui me désole le plus, c'est de
» voir avec quelle facilité j'oublie mon ana-

» tomie ; c'est à tel point que je n'ai pas
» su dire des choses que j'avais repassées
» il y a huit jours, hier et aujourd'hui même ;
» c'est à désespérer.

» Je ne perds pourtant pas courage.
» Certes, j'ai travaillé pendant mes vacan-
» ces, et encore depuis que je suis rentré
» à Lille ; mais peut-être mon travail n'a-t-il
» pas été assez tenace ; peut-être ai-je glissé
» trop superficiellement sur certaines choses
» que j'ai oubliées aussitôt ; mais cela ne
» sera plus. Je veux dans trois mois être
» tout à fait préparé ; je le veux, dussé-je,
» pour y parvenir, ne plus faire que cela
» jour et nuit, et je vais mettre cette résolu-
» tion sous la protection de Dieu et de la
» Sainte Vierge, ce que j'ai trop négligé
» de faire jusqu'ici ; et j'espère ainsi mériter
» les succès que je cherche en vain depuis
» un an. J'aime à croire que, dans vos
» prières, vous voudrez bien avoir de temps
» en temps un souvenir pour moi. »

Quelques jours après, s'ouvrait la retraite annuelle des étudiants ; c'est dans ces sentiments qu'Hector en suivit les exercices. « Je suis, dit-il, très content de cette
» retraite ; j'y ai renouvelé les résolutions
» que je prenais, et dont je vous faisais

» part au lendemain de mon examen. Je
» veux que la présente année scolaire soit
» meilleure pour moi que les précédentes
» sous tous les rapports, et pour cela je
» m'approcherai des Sacrements souvent,
» en choisissant plus particulièrement les
» jours de fêtes ; et je vous entretiendrai
» volontiers de ma situation au point de
» vue des pratiques religieuses et du tra-
» vail, persuadé qu'il n'en saurait résulter
» pour moi que du profit. Je vous remercie
» sincèrement de m'avoir suggéré cette
» bonne idée. »

A mesure qu'approche le moment de cet examen tant redouté, il accentue les manifestations de sa piété. « Vous m'avez de-
» mandé, dit-il au commencement de mars
» 1890, de vous écrire de temps en temps
» pour vous dire à quoi j'en suis, tant au
» point de vue religieux qu'au point de vue
» de mes études ; j'ai promis de le faire, je
» dois tenir ma parole.

» Je le fais d'autant plus volontiers au-
» jourd'hui, que je puis vous annoncer une
» amélioration sensible. Je ne suis pas en-
» core arrivé à la perfection, elle n'est du
» reste pas de ce monde, dit-on ; mais je
» tâche de m'en rapprocher de mon mieux.

» Je me suis imposé pour règle de ne jamais
» être longtemps sans m'approcher des Sa-
» crements, et de le faire plus particulière-
» ment aux fêtes. Hier, cependant, bien que
» ce ne fût pas une fête, j'ai tenu à commu-
» nier pour bien inaugurer le mois de saint
» Joseph.

» Dans un mois, le Dimanche des Ra-
» meaux, c'est le jour de la Communion
» pascale à l'Université ; puis viendront les
» diverses grandes fêtes : l'Ascension, anni-
» versaire de ma première Communion ; la
» Fête-Dieu, et ce seront autant d'occa-
» sions pour moi de rentrer en moi-même
» et de voir à quoi j'en suis. »

Après avoir invoqué saint Joseph chaque jour de son mois, Hector se fit volontairement inscrire pour le jour même de sa fête, et réussit enfin. Assistons à l'expansion de sa joie et de sa pieuse reconnaissance :

« Je suis intimement convaincu que Dieu
» m'a accordé ce succès afin de me récom-
» penser des efforts que j'ai faits depuis
» quelque temps, pour me rapprocher da-
» vantage de Lui. Soyez bien persuadé que
» je ne serai pas un ingrat, et que je ferai
» tous mes efforts pour continuer de mar-
» cher fermement dans la voie où je suis

» entré, et que je tendrai de plus en plus à
» rester un étudiant chrétien.

» Je dois vous dire que j'attribue aussi à
» saint Joseph une large part de mon suc-
» cès. Je sais que beaucoup de personnes
» qui s'intéressent à moi l'ont invoqué à
» mon intention ; moi-même je m'étais re-
» commandé tout spécialement à lui durant
» tout le mois de Mars, et le dimanche qui
» précéda mon examen, après m'être appro-
» ché des Sacrements, j'avais une telle con-
» fiance en saint Joseph, que je ne pouvais
» plus me figurer que je ne serais pas reçu.

» Depuis lors, j'ai prié saint Joseph cha-
» que jour, et je vais continuer de l'invoquer
» pour le remercier de mon succès. »

Un de ses amis, dont il avait fait aussi à ce moment le dépositaire de ses pieux secrets, ajoute à ce sujet : « Sa joie était inex-
» primable ; il me fit part des petites priva-
» tions qu'il s'imposerait pendant quelques
» jours, à titre de reconnaissance à saint
» Joseph. Ce petit détail n'est-il pas tou-
» chant, et ne montre-t-il pas clairement
» combien le sentiment de la piété était inné
» dans son cœur ? »

Ce dernier mot est le vrai : la piété était innée en lui, et ne demandait qu'à être par-

fois ravivée. Il ne faudrait donc pas prendre à la lettre ce qui, dans ces feuilles détachées de sa correspondance, laisserait croire qu'il eut besoin de revenir à Dieu : c'est son désir d'une perfection plus grande qui s'y dessine nettement, avec le sentiment qu'il est toujours possible et toujours nécessaire de tendre vers le meilleur. Deux traits montreront bien que, même avant ses échecs, Hector fut toujours fidèle, dans le détail, à ses devoirs de chrétien. « Lorsqu'il habitait
» la Maison Saint-Louis, dit le camarade
» que j'ai déjà cité, il aimait à honorer Ma-
» rie par la récitation du chapelet. Cet objet
» de piété était, dans la journée, suspendu
» près de son lit, et bien souvent le matin, en
» entrant dans sa chambre, je trouvais son
» chapelet sur sa table, ce qui prouvait bien
» qu'il devait le réciter le soir. » Quand plus tard, pour des raisons personnelles, il fut autorisé à habiter la ville, les voisins de la paroisse Saint-Pierre-Saint-Paul voyaient chaque matin, avec grande édification, deux étudiants entrer à l'église, y réciter leur prière, puis se diriger vers l'hôpital, où ils arrivaient généralement les premiers : c'étaient Decomble et l'un de ses amis intimes.

C'est dans ces sentiments, ravivés par le succès passé et par l'espoir des succès futurs, qu'Hector termina sa quatrième année de doctorat, la cinquième de son séjour à Lille, en juillet 1890. Jusqu'au bout il avait gardé ses promesses au point de vue religieux, jusqu'au bout il fut heureux dans ses examens. Il subit d'abord celui de physiologie, puis, un mois plus tard, il conquit le titre de médecin auxiliaire, attaché au service de santé de l'armée.

Ce dernier examen fut passé à l'Hôpital Militaire de Lille. Qui eût dit que, dix mois plus tard, Hector allait rendre là même le dernier soupir? A ce moment, il était tout à la joie et aux projets d'avenir : il parlait volontiers, lui qui était né dans un pays de plaines et n'en avait jamais vu d'autre, de son grand désir d'aller au pays des montagnes : aux Alpes, d'abord, pour y faire son volontariat à la suite d'un bataillon alpin, comme médecin auxiliaire; — aux Pyrénées, plus tard, quand il serait docteur, pour faire bénir sa carrière par la vierge de Lourdes, pour demander la protection de celle qui a toujours été le « *Salut des infirmes.* »

De ce double désir, né d'un légitime

amour pour la France et pour Marie, aucun ne put être exaucé : Hector, sans s'en douter, était destiné par la Providence à un tout autre voyage, celui de son éternité.

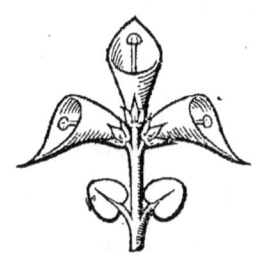

CHAPITRE QUATRIÈME.
Les vacances.

SI, pendant le temps de ses études, Hector DECOMBLE assurait le succès de ses travaux en s'y appliquant de toute son âme et en les rapportant à DIEU, il se croyait en droit de chercher dans le repos des vacances une récompense justement méritée. Ce repos cependant n'était pas l'oisiveté, qui fait perdre à tant d'enfants et de jeunes gens, en quelques jours mal employés, des mois et des années de sacrifices et de vertus : toujours, pendant ce temps, il s'efforçait d'être utile et de donner le bon exemple.

Quand il était jeune et trop petit pour aller aux champs, il suppléait sa mère et sa sœur dans les travaux d'intérieur : sa plus grande joie était de ranger la maison, de s'occuper dans les jardins et la grange. Plus tard, pendant ses études classiques, il travaille chaque jour avec son curé ou son frère aîné ; puis, la tâche terminée, il court aux champs pour aider ses parents et les autres membres de sa famille : il sait que ses bras sont utiles parce qu'ils sont vigoureux, et il a trop de piété filiale pour en marchander l'usage à ceux qui se prodiguent en sa faveur.

Plus tard encore, lorsqu'il est étudiant de l'Université catholique, il n'est point de ceux que la vie des grandes villes rend réfractaires à l'existence simple et modeste des campagnes, et qui donnent au foyer paternel, au milieu de l'activité générale, le désolant spectacle du dédain ou de l'ennui ; il se fait tout à tous avec une familiarité de bon aloi. Ne le cherchez pas dans les estaminets; vous ne l'y rencontrerez point. Une fois cependant, par politesse, il y entre. Mais bientôt la conversation s'égare et devient déplacée. Hector est trop jeune pour protester publiquement : il se tait et sort immédiatement; la leçon a été bien donnée... et bien comprise.

Nous savons déjà quel était, dans sa jeunesse, son amour pour le chant d'église. Il avait gardé ce goût au Petit Séminaire d'Arras, comme à l'Institution Saint-Joseph ; aussi, quand il était en vacances à Buissy, même en habit militaire, il continuait de venir prendre au lutrin sa place près du chantre. Ses compatriotes étaient heureux de l'entendre et édifiés de sa tenue respectueuse. Jamais il ne gagnait sa place sans faire lentement une génuflexion au milieu du chœur, et il la quittait de même ; il assistait régulièrement aux Vêpres et souvent au salut. Dans la semaine également, on le voyait assez fréquemment à la Messe et aux diverses cérémonies du soir.

Son curé, après l'avoir eu comme élève, était devenu son ami. Avec lui, Hector se plaisait à visiter les presbytères de la contrée, et partout l'affection et la sympathie lui étaient acquises du premier coup : on comptait déjà sur lui, dans ces villages où un médecin chrétien de plus, sans susciter aucune rivalité, peut faire autour de lui tant de bien. Ses compatriotes aussi le consultaient volontiers, et ses conseils, marqués au coin de la réserve et de la prudence qui s'imposaient, lui valaient *in petto* plus d'un futur client : « Il est si doux, notre *docteur!* » disait-on volontiers après l'avoir vu à l'œuvre.

Un des plus beaux souvenirs de ses vacances académiques fut la journée du 15 juillet 1886, dans laquelle son frère aîné célébra ses prémices à Buissy. Cette fête qui, de temps immémorial, ne s'était pas présentée dans la paroisse, fut une solennité pour tous, et un jour d'incomparable honneur pour sa famille. Hector le comprit ainsi; mais, comme Marthe dans l'Évangile, il se fit affectueusement le serviteur des invités, en laissant « la meilleure part », la part des joies célestes et des triomphes consacrés par la religion, à celui qui devenait définitivement son ministre. Aussi bien, la sienne était encore belle, telle qu'elle lui fut indiquée dans le sermon de circonstance, lorsque le prédicateur salua avec une respectueuse déférence la famille dont les membres les plus jeunes allaient compléter réciproquement et coordonner leur action sociale, l'un en devenant le médecin des corps, l'autre en étant le médecin des âmes.

Quand son frère fut nommé vicaire de Richebourg, Hector dut partager ses vacances : lorsqu'il pouvait disposer seulement de quelques jours de congé, le presbytère de Richebourg lui ouvrait ses portes hospitalières ; il assistait à la Messe quotidienne et parfois à des saluts, dans les chapelles dont la piété des fidèles a, pour ainsi dire, constellé le vaste territoire de cette paroisse. Il était visiblement heureux dans ce milieu où la foi a gardé une si grande influence, et il y manifestait publiquement, en toute occasion, la vivacité de ses sentiments religieux ;

une fois notamment, il prit part, avec le clergé et les fidèles de Richebourg, au pèlerinage d'Amettes.

Quelques autres excursions achevaient de remplir agréablement ses vacances, sans aucun péril pour son âme. Son grand bonheur était de visiter les camarades intimes qu'il avait fréquentés à Lille, et qui, déjà installés, devaient à leur titre d'anciens étudiants d'une Faculté catholique et à leur mérite personnel, une juste notoriété. Il est si doux de se rappeler, quand on est au terme, les péripéties de la route ! Il est si agréable aussi d'entrevoir le moment où l'on pourra soi-même jouir d'une égale félicité, et faire du bien autour de soi !

A ces considérations, qui se partageaient l'esprit d'Hector dans ses courses de vacances, deux autres, non moins honorables, venaient s'adjoindre. Il se réjouissait d'aider ses amis, en les suppléant ou en les assistant dans des circonstances difficiles ; de plus, il faisait près d'eux, en les suivant dans leurs visites, l'apprentissage de la vie médicale et l'étude pratique des rapports avec la clientèle. On ne pouvait le voir à l'œuvre, en ces occasions, sans être frappé de son tact et de la sûreté de son diagnostic.

CHAPITRE QUATRIÈME.

Écoutons, d'ailleurs, l'appréciation de ceux-là mêmes qui l'accueillaient ainsi à bras ouverts. L'un d'eux écrit, du fond du Boulonnais, à la nouvelle de sa fin : « Sa mort
» a causé ici une pénible impression, car
» tous le connaissaient et avaient pu le juger,
» pendant son séjour de trois semaines ici.
» Sa délicatesse et son tact exquis près des
» malades lui avaient acquis pendant ce peu
» de temps une réputation déjà haute.

» Combien de fois s'est-il offert la nuit
» de partir à ma place, alors que, fatigués
» tous deux par de longues courses, nous
» pouvions mieux apprécier le prix du re-
» pos ! Soyez-en sûr, les regrets ont été,
» ici comme partout, profonds, et plus d'un
» a dû faire des efforts pour refouler les
» larmes que cette triste nouvelle lui faisait
» monter aux yeux.

» Mes parents ont été frappés, comme
» moi, par ce terrible coup, eux qui pen-
» dant mon absence se reposaient sur lui
» comme sur moi-même, et dont il avait à
» juste titre l'entière confiance. »

De l'autre extrémité du département, un autre témoignage vient corroborer le premier : « .... Une preuve de son attachement
» qui m'a beaucoup frappé, c'est son voyage

» à C., où il se trouvait absolument comme
» chez un frère. Déjà, l'année précédente,
» il avait fait la connaissance de ma famille
» et passé une douzaine de jours avec moi.
» Pendant ce temps, j'ai eu l'occasion d'ap-
» précier encore davantage ses nobles quali-
» tés ; à ce moment, une chose l'intéressait
» beaucoup: s'initier aux difficultés de notre
» profession. Il m'accompagnait dans toutes
» mes visites. Une nuit même, il est venu
» avec moi pour un cas périlleux et, je le
» dis sans aucune exagération, grâce à son
» concours, nous avons ramené à l'existence
» un enfant qui, pendant plus de trois quarts
» d'heure, ne donnait aucun signe de vie.
» L'année précédente, il m'avait aussi aidé
» dans un cas analogue, et on l'avait si bien
» apprécié que sa mort a été pour cette
» famille la cause d'une vive douleur.

» Pour moi, il a toujours été un ami dé-
» voué et sincère, un jeune homme exem-
» plaire. »

Parmi ses amis, Hector a toujours compté ses anciens maîtres. Il n'aurait pas voulu aller de Lille à Buissy, ou retourner de la maison paternelle au lieu de ses études, sans s'arrêter à Arras, sans saluer ceux qui l'avaient guidé avant son entrée dans la vie indépendante : même en dehors de tout autre élément d'appréciation, il faut toujours bien augurer des jeunes gens pour qui la gratitude n'est pas un vain mot, qui la témoignent autrement que par des formules de simple politesse, et qui donnent, en revoyant volontiers le modeste théâtre de leurs premiers travaux, l'assurance et le gage de leur fidélité aux leçons et aux conseils des prêtres, leurs éducateurs.

En revenant le plus souvent possible à l'Institution Saint-Joseph, Hector se sentait chez lui, et le souvenir de tout ce qui y touchait, de près ou de loin, avait en lui un retentissement profond. Sa correspondance en garde des traces nombreuses. A l'Université, il accueille avec bonheur ceux de ses anciens camarades qui, invariablement fidèles aux traditions chrétiennes, l'ont accompagné ou rejoint ; il se réjouit de voir leur nombre s'accroître : « J'ai vu X., dit-il, il
» est heureux de suivre les cours de la Fa-
» culté catholique. — X. vous présente son
» respectueux souvenir ; il vous attend
» bientôt. — Combien allez-vous nous en-
» voyer d'étudiants l'an prochain ? » A distance, il applaudit aux succès de l'Institution, à son développement ; de près, il

donne d'utiles renseignements qui permettent de compléter l'installation de l'infirmerie.

Mais la circonstance où il tient surtout à passer la journée près de ses maîtres d'autrefois, c'est celle où ils réunissent près d'eux, aux vacances de Pâques, l'association amicale des anciens élèves ; ce jour-là, il faudrait un événement bien grave pour motiver son absence : il est là, l'un des premiers, avec sa franche gaîté, rappelant les souvenirs qui s'éloignent, renouant les anciennes amitiés, reprenant les jeux de son enfance ou redisant de sa voix émue : « *Ecce quam* » *bonum et quam jucundum habitare fratres* » *in unum.* »

Il était là encore, en 1890, au deuxième dimanche après Pâques, lorsque le président paya un juste tribut d'hommages à la mémoire de Maurice D., ravi par la mort, après avoir brillamment couronné ses études, à l'heure même où la fortune et le bonheur semblaient lui sourire davantage. Cette mort remontait à plusieurs mois ; mais Hector l'ignorait, et Maurice D., qu'il avait connu dans la plénitude de sa force, qui avait contracté, en même temps que lui, l'engagement conditionnel du volontariat, était un de ses meilleurs amis. Hector fut très frappé de cette douloureuse nouvelle, et ne put s'empêcher de dire à un camarade : « Quel deuil » pour ma famille si un pareil accident » m'arrivait ! » Jusqu'au soir, il parut préoccupé, et on dut l'arracher à ces tristes pressentiments.

Hélas ! il ne s'était pas trompé. Sans que rien pût le faire soupçonner, il avait ce jour-là dit son dernier adieu à son cher Collège.

CHAPITRE CINQUIÈME.
Le volontariat. — La mort.

LA vie militaire, par ce qu'elle a de brillant et de glorieux, a toujours attiré facilement à elle une élite de jeunes gens à l'âme généreuse et ardente. Mais elle a d'autres côtés, qu'ils entrevoient à peine lorsqu'ils l'embrassent : elle exige l'esprit d'abnégation, d'obéissance et d'obscur dévouement ; elle demande à chacun, du plus humble au plus élevé, cette fidélité constante au devoir, plus difficile peut-être que l'héroïsme d'un moment. Remarquons-le bien, d'ailleurs, les soldats ne sont pas seulement les combattants : ce sont aussi ceux qui préparent le triomphe dans le silence du cabinet, ceux qui l'assurent en pourvoyant l'armée de tout ce qui la fait vivre et lui permet de lutter, ceux qui, dans les hôpitaux et les ambulances, atténuent ou suppriment les inévitables effets du métier des armes. On a fait de bien beaux livres, écrit de bien belles pages sur la valeur des troupes françaises, sur leur *furia* ; que d'autres il faudrait y ajouter, si l'on pouvait exalter les mérites inconnus des victimes du devoir, sans diminuer par le fait même ces vertus qui aiment à se cacher !

Lorsqu'Hector Decomble hésitait, au début de sa vie, sur l'avenir qu'il escomptait déjà, lorsqu'il se demandait : « Serai-je prêtre, médecin ou soldat ? » on peut être convaincu qu'il avait au moins entrevu les sacrifices nécessaires pour atteindre l'un de ces buts ; le caractère sérieux et réfléchi de son esprit le laisse déjà supposer, et sa correspondance le prouve encore mieux.

Il contracta l'engagement conditionnel d'un an le 4 novembre 1886, et obtint, aux termes de la loi de 1872, les sursis qui lui permirent de poursuivre ses études médicales, avant de payer sa dette à sa patrie. Le dernier sursis expirait en 1890 ; il devait donc, le 11 novembre de cette année, commencer son service militaire. Tout d'abord, il est dirigé vers le 33e de ligne, à Arras, puis, le jour même, vers le 1er bataillon d'artillerie de forteresse, à Lille. Il est incorporé dans la 5e batterie, car les règlements militaires imposent une période d'instruction générale à ceux mêmes qui seront affectés au service de santé.

La vie d'un soldat, à la caserne, ne peut avoir rien de frappant ni d'extraordinaire. Ses officiers louent l'exactitude et la régu-

larité d'Hector ; ses camarades accueillent avec plaisir ce futur docteur qui, se pliant à la situation de chacun, veut être traité sur un pied d'égalité. Il fait lui-même son service et ses corvées ; il ne se considère aucunement comme abaissé par les mille détails de la vie intérieure de la caserne : « Je
» n'ai pas de *brosseur*, écrit-il ; je mange
» ma gamelle comme le premier soldat
» venu, et je ne la trouve pas trop mau-
» vaise. »

Bientôt, en raison de ses connaissances professionnelles, il est appelé au service de l'infirmerie : « Je ne suis pas malheureux,
» écrit-il en février 1890, dans mon métier
» de soldat, car je n'ai aucun service à faire
» en dehors de l'infirmerie, et je suis libre
» de sortir presque tous les jours à deux
» heures de l'après-midi ; j'en profite pour
» aller à la bibliothèque, où je travaille
» pour moi et où je fais des recherches
» pour une personne qui m'en a prié. Vers
» 4 heures 1/2, je dois rentrer au quartier
» pour prendre quelques températures et
» savoir s'il n'y a rien de nouveau. Comme
» vous le voyez, si je puis travailler, il m'est
» impossible de suivre aucun des cours de
» quatrième année ; mon année, sans être

CHAPITRE CINQUIÈME. 65

Vue de la Faculté catholique de médecine de Lille.

» perdue complètement, le sera cependant
» au point de vue de mes études. »

Cette dernière question le préoccupe beaucoup ; il y revient souvent, car toute perte de temps est pour lui une peine et un ennui. S'il ne peut fréquenter les cours de médecine, il a au moins la satisfaction de retrouver à Lille ses anciens camarades de la Faculté catholique. C'est pour ce motif, comme il l'écrit à l'un d'eux, qu'il est particulièrement heureux d'être en garnison à Lille : « Il m'aurait été difficile, dit-il avec un abandon charmant, de vivre sans toi. » Il partage l'appartement de cet ami et reprend avec lui, sans prévoir, hélas ! qu'ils vont se terminer si brusquement, ces longs entretiens, empreints d'une douce intimité, que nous avons vu commencer à la Maison St-Louis.

Il aime surtout à être avec ses camarades aux jours de fêtes académiques : il est présent notamment à la fête patronale de l'Université, le 19 mars, dans la basilique de Notre-Dame de la Treille. Qui eût cru alors qu'il dût prendre pour lui cette parole échappée des lèvres du prédicateur de la solennité : « Saint Joseph est le soutien de
» l'heure suprême, et quand trop souvent

» la mort fait dans vos rangs d'irréparables
» vides, sans avoir pitié ni de l'âge, ni du
» talent, ni des mérites passés, ni des espé-
» rances futures, il est là, soyez-en sûrs, il
» adoucit l'amertume de la séparation et
» attire à lui ceux qui vous quittent, afin
» qu'ils intercèdent avec lui pour vous près
» de Dieu (1). »

Avant de quitter l'infirmerie, Hector se distingua dans une circonstance qu'un témoin autorisé a rappelée en ces termes :

« Son zèle, sa subordination parfaite, son
» goût prononcé pour l'étude, ses qualités
» morales, lui avaient valu la sympathie
» de ses chefs, l'amitié de ses camarades.
» Aussi l'unanimité des regrets renferme-
» t-elle tous les éloges qu'on pourrait faire
» de lui.

» Je crois devoir insister cependant sur
» son dévouement aux malades, qui était
» absolu, et rapporter un fait des plus hono-

---

1. Depuis lors, Dieu, dans ses insondables desseins, a rappelé encore à lui deux des assistants de la solennité qui, par une coïncidence frappante, étaient placés aussi par leurs prénoms sous le patronage de saint Joseph : M. l'abbé Variot, professeur de littérature latine à la Faculté catholique des Lettres, dont le talent supérieur et la mort saisissante sont connus de tous, et Sa Grandeur Monseigneur Dennel, que pleure en ce moment la province entière de Cambrai, en exaltant ses mérites et ses vertus.

» rables, connu de moi seul, qui ne peut
» que raviver la peine de l'avoir perdu. Au
» commencement de mai 1891, l'enfant de
» deux ans d'un sous-officier de la prison
» militaire, arrivé depuis deux jours à Lille,
» tombe malade. Le diagnostic est vite
» posé : c'est l'angine couenneuse avec
» menace du côté du larynx. La lutte de
» tous les instants avec le mal terrible com-
» mence, et, je puis le dire, c'est au dévoue-
» ment de DECOMBLE, qui faisait passer sa
» confiance dans l'âme de la mère, que l'en-
» fant, après quinze jours, doit la vie.

» Le jour du départ du bataillon de forte-
» resse pour les écoles à feu, l'enfant était
» hors de danger, et DECOMBLE était entré
» à l'hôpital où il devait trouver la mort.
» Là encore il a fait abnégation de lui-
» même, et c'est en faisant plus que son
» devoir qu'il a été terrassé.

» Infirmier, DECOMBLE honore par sa
» mort la médecine militaire tout entière ;
» nous tenons donc à en conserver le pré-
» cieux souvenir, et à l'inscrire à sa place
» sur le tableau d'honneur des victimes du
» devoir professionnel. »

Je n'ai pas voulu atténuer la portée de ce témoignage, en le scindant comme l'aurait demandé l'ordre des faits : l'émotion et la bienveillance qui se manifestent dans ces lignes montrent assez comment Hector parvenait vite, bien que sans efforts, à se faire connaître et estimer. Reprenons cependant le cours du récit, et laissons parler lui-même notre modeste héros :

« Il faut, écrit-il le 4 juin 1891, que je
» vous tienne au courant du changement
» qui s'est opéré dans ma vie de soldat
» depuis une quinzaine de jours. Je ne l'ai
» pas fait plus tôt, parce que je voulais vous
» renseigner complètement sur ma nouvelle
» manière de vivre et mes nouvelles habi-
» tudes ; enfin ce qui m'a fait tarder encore
» davantage, c'est que depuis huit jours je
» suis malade, et malade à l'hôpital, avec
» une fièvre intense et un mal de tête vio-
» lent. Actuellement, je vais mieux, et j'es-
» père être guéri dans huit jours. Du reste,
» je ne me trouve pas mal à l'hôpital, et je
» ne demanderai à en sortir que lorsque
» je serai complètement reposé. J'ai une
» espèce de grippe avec embarras gastri-
» que ; depuis lundi matin, je vis avec un
» litre de bouillon et un litre de lait par
» jour, et je n'ai pas faim ; aussi vous pou-
» vez juger si j'ai beaucoup de forces ! C'est

» à peine si je sais encore traîner mes jam-
» bes. Comme vous pouvez le constater,
» j'ai plus de temps libre qu'au bataillon ; je
» pourrai suivre les cours et les dispen-
» saires assez régulièrement. »

En ayant sous les yeux, pour le citer, le texte de cette lettre, je ne puis me défendre d'une poignante émotion. L'écriture en est tremblée, les mots parfois mal formés ; Hector, toujours affectueux, a fait un effort pour dissimuler la vérité à d'autres, sans la dissimuler à lui-même, et cet effort était l'effort suprême ! Cette lettre appelait une réponse ; mais déjà le malade n'avait plus eu que la force d'y jeter un coup d'œil morne, comme s'il était déjà désintéressé des choses de la vie.

Que s'était-il donc passé, et comment un corps si robuste avait-il, d'un seul coup, été ébranlé par l'ange de la mort ? Lorsqu'Hector DECOMBLE entra à l'hôpital, il fut attaché régulièrement au service des blessés. Déjà il était fatigué au régiment ; plusieurs indispositions passagères avaient inquiété ses amis, sans les alarmer outre mesure. En dehors de ses fonctions régulières, il était chargé à son tour, selon l'ordre des gardes, du service des typhiques. C'est là sans doute que les prédispositions antérieures lui firent contracter le germe de sa maladie mortelle.

Le 2 juin, il dut se faire remplacer pendant la nuit ; le 3, il consentit enfin à voir le médecin et à lui avouer son état. Voici en quels termes son héroïque dévouement a été raconté après sa mort par un journal de Lille (1).

« Atteint déjà par la maladie et sentant
» ses forces s'affaiblir, DECOMBLE, pâle,
» amaigri et se traînant à peine, refusait
» de se croire malade et de se décharger
» sur ses camarades de la part de service
» qui lui incombait. Il alla ainsi, avec un
» courage admirable, jusqu'à ce qu'il fût
» absolument à bout de forces.

» Ce jour-là, il était de garde et devait
» prendre, à cinq heures, le degré de cha-
» leur des fiévreux. Muni d'un thermomètre,
» il commença, à l'heure dite, à s'acquitter
» de sa charge. Il arriva ainsi jusqu'au lit
» d'un soldat atteint de la fièvre typhoïde.
» Mais là, il se sentit tellement mal que,
» pris d'un éblouissement, il se laissa tomber
» sur une chaise et y demeura, dans

---

1. *Croix du Nord*, 26 juin 1891.

» l'espoir de se raffermir bientôt et de con-
» tinuer ensuite à remplir ses fonctions un
» instant interrompues. Il resta ainsi pen-
» dant plus d'un quart d'heure, jusqu'à ce
» que ses camarades, étonnés de ne pas le
» voir revenir, vinrent se rendre compte de
» ce qui se passait. Ils le trouvèrent dans
» un état des plus alarmants. Le médecin
» principal, averti aussitôt, accourut, prit le
» thermomètre qui devait servir au malade,
» et l'appliqua à DECOMBLE : le malheureux
» avait 40°,5 de fièvre.

» Il fut immédiatement hospitalisé, et
» prit place à côté de ceux qu'il soignait.

» Il resta ainsi pendant trois semaines
» entre la vie et la mort, jusqu'à ce qu'il
» rendît sa belle âme à DIEU. »

Hector, dans cette lutte contre la mort, était soutenu par la science du médecin principal de l'Hôpital Militaire, le dévouement des Sœurs qui le veillaient, et les réconfortantes visites d'un ami intime que la Providence avait ramené là, pour une période d'instruction militaire, juste à temps pour le consoler, et être le témoin désolé de ses derniers moments. Le dimanche 14 juin, il se traîna malgré tout à la chapelle pour assister à la Messe, et cet effort diminua le

CHAPITRE CINQUIÈME. 73

reste de ses forces. En face des effrayants progrès de la fièvre, il fit appeler sa famille, ou plutôt il eut encore le courage de l'appeler lui-même ; il la reconnut, mais ne put lui donner, le 18 juin, d'autres signes de son affection, ni d'autres manifestations de ses dernières volontés.

Vers le 20, la fièvre diminua, le délire cessa, comme pour donner à tous ceux qui l'aimaient l'illusion d'une suprême espérance. Le 21, il avait pleine connaissance ; il reçut avec une grande foi les Sacrements de Pénitence et d'Extrême-Onction, sa maladie l'empêchant d'être muni du Saint-Viatique. Un mot d'un témoin autorisé résume ses sentiments à cette heure de deuil et d'espérance. « La grâce du bon Dieu l'a visité pleinement et sans lui causer d'effroi. » N'était-ce pas le jour où l'Église célébrait, avec une pompe extraordinaire, le troisième centenaire de saint Louis de Gonzague, patron et modèle des jeunes gens chrétiens ?

Une fois en paix avec Dieu, Hector retomba dans l'état comateux, qui lui adoucit l'amertume des dernières crises, et la séparation d'avec le monde et d'avec les siens lui fut ainsi moins pénible qu'à bien d'autres. L'agonie commença et, le 23, à six heures du matin, Hector avait quitté ce monde.

Le lendemain, un de ses camarades, qui apprenait en même temps sa maladie et sa mort, se présentait pour lui annoncer officieusement sa nomination comme médecin auxiliaire dans une compagnie de chasseurs alpins.... Il était trop tard !

CHAPITRE SIXIÈME.
Les funérailles.

LA nouvelle de la mort d'Hector, répandue rapidement parmi ses amis des Facultés catholiques, y produisit l'effet d'un coup de foudre ; il en fut de même dans son bataillon. N'était-ce pas un rêve que la fin si rapide de ce jeune homme à qui la taille élancée, l'air robuste, semblaient promettre une longue et heureuse vie ? Hélas, non ! et il fallut, la mort dans l'âme, lui préparer des funérailles dignes de lui et de l'obscur dévouement dont il était devenu lentement la victime, en dépassant, pour rester fidèle à son devoir, les limites de ses forces naturelles.

Un journal de Lille, inspiré par la sollicitude sympathique de l'un de ses maîtres, qui fut pour lui un ami et un protecteur pendant sa vie et après sa mort, a rendu compte en ces termes de ses funérailles :

Victime du Devoir.

L'Université catholique de Lille vient de perdre, en la personne de M. Hector-

Joseph Decomble, étudiant à la Faculté de Médecine, l'un de ses élèves les plus méritants et les plus sympathiques.

Hector Decomble, engagé conditionnel au Ier bataillon d'artillerie de forteresse, avait été attaché, dès le mois de novembre, à l'infirmerie de son corps. Depuis le 15 mai, il remplissait, à l'Hôpital Militaire de Lille, des fonctions diverses qui en faisaient l'auxiliaire du médecin. C'est là qu'il vient de mourir, victime de son devoir et de son dévouement.

Fatigué par l'étude et par l'empressement avec lequel il se prodiguait au chevet des malades, il avait contracté les germes d'une maladie qui le cloua rapidement à son lit de mort.

Hector Decomble a succombé à la fièvre typhoïde mardi dernier, dans sa vingt-cinquième année, administré des Sacrements de Notre Mère la Sainte Église.

Le lendemain, mercredi après-midi, à deux heures trois quarts, avait lieu à la chapelle de l'Hôpital-Militaire, à son intention, un service funèbre auquel étaient venus les étudiants en médecine et des délégués des autres Facultés catholiques, accompagnés de nombreux professeurs.

La 5me batterie du Ier bataillon d'artillerie de forteresse, à laquelle appartenait le défunt, assistait tout entière à la cérémonie avec ses officiers, ainsi que de nombreux canonniers et sous-officiers des autres batteries, et un certain nombre d'officiers du bataillon.

Une délégation des sous-officiers de la Ire section d'infirmiers militaires était également présente.

Après la célébration des Vêpres des morts, M. l'abbé Carnel, aumônier de l'Hôpital Militaire, donna l'absoute, puis le corps du défunt fut conduit à la gare, pour être inhumé à Buissy (P.-d.-C.), où demeure sa famille.

Les étudiants, graves et recueillis, marchaient en tête du cortège, précédés de leur bannière portée par M. Daillez, camarade du défunt.

Venaient ensuite :

Le clergé ;

De nombreuses couronnes, portées par des artilleurs, de chaque côté desquels marchaient, l'arme baissée, les canonniers du piquet d'honneur ;

Le corps, porté également par des artilleurs. Le drap mortuaire était recouvert des insignes militaires du défunt.

M. le docteur Guermonprez, professeur à la Faculté catholique de Médecine, M. Pannier, médecin à Conchil-le-Temple, accomplissant actuellement, comme médecin auxiliaire, une période d'instruction à l'Hôpital Militaire de Lille, M. Pérignon, interne à l'Hôpital de la Charité, et M. Riquier, engagé conditionnel, infirmier de visite à l'Hôpital Militaire, tenaient les coins du poêle.

Le deuil était conduit par le père du défunt, M. Joseph Decomble, cultivateur à Buissy, et par son frère, M. l'abbé Decomble, vicaire de Richebourg-l'Avoué, accompagné de M. le curé de cette paroisse.

Suivait une nombreuse assistance, au milieu de laquelle nous avons remarqué M. le chanoine Didio, vice-recteur de l'Université catholique, M. le docteur Gavoy, médecin principal, chef de service à l'Hôpital Militaire, MM. les professeurs Duret, doyen de la Faculté de Médecine, Eustache, Schmitt, Desplats, Rogie, Lienhart, Derville, Lavrand, Voiturier, Lancial, le R. P. Le Génissel et les abbés Quilliet et Chollet, également professeurs.

Les canonniers du Ier bataillon d'artillerie de forteresse fermaient la marche, silencieux et tristes. On lisait sur leur visage l'expression la plus sincère du regret. Ils aimaient leur camarade si bon et si affable, et ils en étaient fiers !

Sur tout le parcours, et principalement sur la Grand'Place et dans la rue de la Gare, une foule considérable se rassemblait de chaque côté du cortège, dans une attitude qui convient devant un spectacle si simple et si grandiose en même temps.

***

A la Gare, M. le médecin principal Gavoy a prononcé, en termes très émus, les paroles suivantes, qui ont produit sur les personnes présentes l'impression la plus profonde, et qui ont fait verser aux parents d'abondantes larmes :

« Messieurs,

» J'ai connu peu de temps Hector Decom-
» ble ; il remplissait à l'Hôpital Militaire
» les fonctions d'aide-médecin dans mon

» service. Mais ce peu de jours que nous
» avons passés ensemble, quoique trop
» courts, m'ont permis d'apprécier ses sé-
» rieuses et belles qualités. Comme médecin,
» Decomble s'est montré plein de zèle et
» de dévouement pour tous les malades ;
» comme militaire, toujours déférent et res-
» pectueux envers ses chefs, il a donné
» l'exemple d'une discipline parfaite et d'une
» observation scrupuleuse de tous ses de-
» voirs.

» La mort, toujours aveugle et implaca-
» ble, l'a ravi trop tôt à l'affection des siens
» et de ses amis.

» Offrons à sa famille, si douloureuse-
» ment atteinte, nos témoignages de vifs et
» sincères regrets, unis dans une commune
» pensée ; et vous, ses amis, qui êtes venus
» ici rendre hommage à un camarade, lors-
» que, par hasard, dans vos veillées, vous
» vous compterez, en arrivant au nom de
» Decomble, vous répondrez : Mort au
» champ d'honneur ! »

M. le capitaine Morelle, commandant la 5ᵉ batterie de forteresse, a prononcé ensuite l'adieu suivant :

CHAPITRE SIXIÈME.

« Avant de laisser partir pour toujours la
» dépouille mortelle de DECOMBLE, je viens,
» au nom de la batterie, lui adresser un
» dernier adieu.

» Arrivé depuis six mois au milieu de
» nous, DECOMBLE était désigné comme
» auxiliaire du médecin-major ; il avait su,
» dans l'exercice de ces utiles fonctions,
» déployer les qualités du bon soldat, le
» zèle, le dévouement, la bonne volonté, la
» modestie et la simplicité.

» D'autres que nous avaient pu appré-
» cier ses belles qualités, à la Faculté de
» Médecine où il achevait ses études, à
» l'hôpital enfin, où on le disait frappé d'une
» cruelle maladie.

» Il a résisté courageusement, voulant
» accomplir son devoir jusqu'au bout ; il est
» mort à son poste, entouré des regrets de
» tous ceux qui l'ont connu.

» Puissent ces témoignages d'une univer-
» selle sympathie adoucir la douleur d'une
» famille si cruellement frappée dans ses
» affections et dans ses espérances ! »

Puis, ce fut le tour de M. le docteur
Duret, doyen de la Faculté catholique de

Médecine, qui fit ainsi qu'il suit l'éloge du défunt :

« Je ne puis laisser s'éloigner le cercueil
» de notre pauvre ami, de notre cher élève,
» sans lui dire un dernier et pénible adieu,
» sans exprimer, en quelques mots, les sen-
» timents de douleur qui ont serré le cœur
» de ses maîtres, de ses camarades, de ses
» amis, en apprenant sa fin prématurée.

» Il est toujours profondément triste de
» voir la jeunesse tranchée à son début ;
» mais on est encore plus affligé quand
» l'aurore de la carrière, à peine entr'ou-
» verte, permettait d'espérer le succès, la
» considération et l'estime.

» Notre ami aurait été un médecin bon,
» charitable, dévoué, instruit..., et aurait
» consolé sa famille de ses pénibles sacri-
» fices. Son passé tout entier nous permet
» de l'affirmer.

» Hector DECOMBLE avait fait des études
» secondaires au Collège Saint-Joseph à
» Arras ; il était parmi les élèves les plus
» studieux et les plus distingués.

» Depuis plusieurs années, il était étu-
» diant en médecine à la Faculté catholi-

» que. Dans son séjour parmi nous, nous
» avions pu apprécier son caractère sérieux,
» sa droiture, sa bonté ; il était plein de
» charité et de dévouement à l'égard des
» malades pauvres de nos services hospi-
» taliers : il se prodiguait et avait un vif
» sentiment du devoir.

» Ce sont ces mêmes qualités qu'ont pu
» apprécier, dans son service à l'Hôpital
» Militaire, ses chefs et ses camarades. Il
» soignait les malades et les blessés avec la
» douceur et la patience d'une Sœur de cha-
» rité ; on pouvait compter sur lui pour
» l'assiduité et l'intelligence. Comme nous
» tous, il avait compris que l'armée est en
» quelque sorte l'image de la France, et
» que là on ne rencontre que des frères,
» des amis, des serviteurs dévoués du pays.
» C'est à la suite des nombreuses fatigues
» qu'il avait contractées près des malades
» confiés à ses soins, qu'il est tombé. La
» fièvre l'a saisi et a rapidement compromis
» son existence. Il est mort victime de son
» devoir sur le champ de bataille de la souf-
» france !

» Qu'il me soit permis de remercier ses
» chefs, ses camarades de l'armée, des
» témoignages d'amitié qu'ils lui apportent

» en assistant en grand nombre à ses obsè-
» ques, en prenant part à la douleur de
» tous.

» Puisse ce concours de tous, maîtres,
» camarades, amis, apporter quelque adou-
» cissement à la douleur de son père dé-
» voué, de son bon frère et de toute sa
» famille! Pour nous tous, il est un exemple,
» malgré sa courte existence : car il a
» toujours été ferme dans le devoir ; il est
» resté toujours parmi ceux qui ont au
» cœur cette belle devise : Dieu et Pa-
» trie ! »

Un dernier adieu fut enfin prononcé, au nom des étudiants en Médecine, par M. Pérignon, interne à l'Hôpital de la Charité.

« A mon tour, dit-il, avant de nous sépa-
» rer ici-bas, cher Hector, je viens rem-
» plir un pieux devoir et te dire adieu u
» nom de tous tes camarades.

» Tu fus pour nous un ami sincère, bon
» et généreux, et ton brusque départ laisse
» parmi nous d'unanimes regrets.

» Puisse la douleur de la séparation

» être adoucie pour ta famille et pour nous
» tous, par le ferme espoir de te retrouver
» un jour, à la place que t'auront méritée
» tes vertus chrétiennes. Adieu ! (1) »

Une grande partie de la presse s'unit aux regrets de la famille et des amis d'Hector, dans les termes les plus sympathiques. Nous citerons entre autres, dans la presse parisienne : l'*Autorité*, l'*Avenir militaire*, la *France illustrée*, qui publia son portrait et un article nécrologique ; dans la presse régionale : la *Vraie France*, la *Dépêche*, le *Nouvelliste*, l'*Echo du Nord*, le *Lillois*, à Lille, l'*Emancipateur*, à Cambrai, le *Courier* et le *Pas-de-Calais*, à Arras.

Pendant ce temps, le village natal d'Hector, Buissy-Baralle, apprenait coup sur coup une double nouvelle foudroyante, dont la coïncidence ne fut pas sans frapper bien des esprits. A une demi-heure de distance, on apprit la mort du respectable chantre de Buissy, M. Fauvelle, et de son ami et élève Hector DECOMBLE. Le même jour, ils furent aussi unis dans la tombe, et l'émotion était générale devant cette grande leçon de la

---

1. *Croix du Nord*, 26 juin 1891.

mort, frappant indistinctement, et en même temps, le jeune homme plein de vie, et le vieillard qui avait si bien accompli sa carrière.

Les funérailles d'Hector à Buissy, le 25 juin, furent ce qu'elles devaient être, la simple et touchante manifestation de la douleur d'un peuple entier, qui semblait ne plus former qu'une immense famille.

Il était là, reposant dans l'aire parée de cette grange modeste où il avait joué et travaillé dans son enfance, lorsque son vénérable curé et le clergé de la contrée vinrent chercher sa dépouille mortelle, et la conduire dans le sanctuaire qu'il avait tant de fois fait retentir de ses chants pieux. Autour de lui, dans toute l'église, une morne consternation, un silence édifiant et attristant à la fois, interrompu seulement par les pleurs que tous, prêtres et fidèles, versaient sans les dissimuler sur cette fin prématurée.

Au cimetière, M. le docteur Dumont, de Marquion, au nom de ses confrères de la région, dit un dernier adieu à Hector, rappelant, avec autant de distinction que de sentiment, les brillantes espérances de sa vie et les amertumes de sa fin. Puis on se sépara, après avoir déposé sur sa tombe les magnifiques couronnes offertes par les étudiants de la Faculté catholique de Médecine, les officiers, sous-officiers et canonniers de sa batterie, les infirmiers de service de l'Hôpital Militaire, comme un gage suprême de regrets et d'affection.

A Lille, depuis les funérailles, la mémoire d'Hector a reçu de nouveaux hommages. Mgr Baunard, Recteur des Facultés catholiques a officié, dans la chapelle de la Maison Saint-Louis, à l'obit solennel célébré pour le repos de son âme, devant ses amis et ses camarades ; par deux fois aussi, à la fête de la Faculté catholique de Médecine et à celle de la rentrée des Facultés, Monsieur le doyen Duret a rendu un nouvel hommage aux vertus de notre modeste héros. L'Université catholique, fidèle à son titre d'*Alma Mater*, suit au-delà de la tombe, en les pleurant et en priant pour eux, ceux qu'elle a formés dans leur vie et qui l'ont honorée dans leur mort.

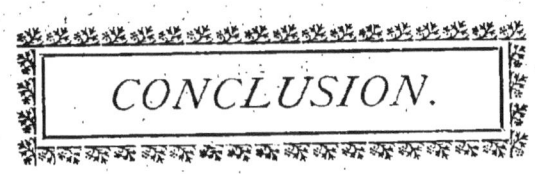
CONCLUSION.

Il resterait à tirer de cette vie bien simple et de cette mort imprévue, mais édifiante, les leçons qu'elle comporte : un jeune enfant de Buissy l'a fait, sans le savoir, à notre place. Son curé, qui le prépare aussi aux études secondaires, lui posa cette question, pour éprouver sa raison et sa foi, quand il apprit la mort d'Hector, son parent : « A quoi donc, mon ami, lui a-t-il servi de tant travailler pendant sa vie ? » L'enfant réfléchit un instant, puis, levant vers son maître et vers le Ciel son regard doux et pur : « Monsieur le curé, répondit-il, cela lui a servi à gagner le Paradis ! »

TABLE DES MATIÈRES.

Approbation 7

Avant-Propos 11

CHAPITRE PREMIER.
La jeunesse d'Hector 13

CHAPITRE DEUXIÈME.
Les études secondaires 18

CHAPITRE TROISIÈME.
Les études supérieures 31

CHAPITRE QUATRIÈME.
Les vacances 52

CHAPITRE CINQUIÈME.
Le volontariat. — La mort 62

CHAPITRE SIXIÈME.
Les funérailles 75

Conclusion 89

Imprimé par
DESCLÉE, DE BROUWER et Cie,
Imprimeurs des Facultés catholiques de Lille.
LILLE. — MDCCCXCII.

40

www.ingramcontent.com/pod-product-compliance
Lightning Source LLC
Chambersburg PA
CBHW070318100426
42743CB00011B/2467